# PÉTITION

PRÉSENTÉE

## A MESSIEURS LES MEMBRES

COMPOSANT

## LA CHAMBRE DES DÉPUTÉS

DES DÉPARTEMENS,

PAR JEAN-BAPTISTE-ADRIEN LEROUX, DU HAVRE,

ANCIEN COMMIS ENTRETENU DE LA MARINE, AU PORT DU HAVRE.

> « Il est rare que ceux qui révèlent les fautes
> » de leurs supérieurs, ou les abus qui se commet-
> » tent dans un corps auquel ils appartiennent,
> » ne soient victimes de leur zèle, quelque pur
> » qu'il soit... »
>
> *(Rapport de M. Duplessis-Grénédan, séance
> de la Chambre des Députés du 3 juillet 1814,
> Moniteur du 5, n° 187.)*

PARIS.

MARS 1825.

IMPRIMERIE DE J. SMITH,
Rue Montmorency, n. 16.

**MESSIEURS,**

A la session dernière, j'eus l'honneur de présenter à la Chambre une pétition afin d'obtenir sa haute intervention auprès de S. Exc. Mʳ le marquis de Clermont-Tonnerre, alors ministre de la marine, pour qu'il revît sa décision qui me mettait à la retraite ; je démontrai dans ma pétition que cette décision n'était que le fruit de l'intrigue et de la malveillance, et que des ennemis puissans avaient su tromper la religion du ministre.

Le rapport de ma pétition fut fait à la Chambre, le 3 juillet 1824, par M. Duplessis de Grénédan ; l'avis unanime de votre commission fut de renvoyer ma pétition au ministre de la marine. (Voir ce rapport et la discussion, au *Moniteur* du 5 juillet 1824, Nᵒ 187, et au *Supplément.*) Cependant la Chambre passa à l'ordre du jour, d'après les motifs énoncés en une note qui émanait de la direction du personnel du ministère de la marine, laquelle note n'était point signée, mais avait été adressée à votre commission au nom du ministre, par M. le secrétaire-général du ministère ; c'est cette note que développa M. Daugier, directeur du personnel, dans les observations qu'il fit à la

Chambre, et qui furent combattues par plusieurs d'entre vous (1). Je n'ai malheureusement connu cette note qu'après le rapport, et par conséquent trop tard pour en démontrer toute la duplicité ; aujourd'hui qu'elle est parvenue à ma connaissance, je dois le faire par respect pour la commission dont ma pétition, malgré cette note, obtint l'honorable suffrage ; je le dois à Messieurs les Députés qui ont eu la bonté de s'intéresser au renvoi à Son Excellence ; je le dois à toute la Chambre, puisque sa décision a pu être entraînée par des erreurs de fait ; je le dois à moi-même, par la raison que cette note tend à m'inculper et à m'attribuer des qualifications que je ne mérite pas.

Qu'au moins, si j'ai tout perdu, je puisse dire *fors l'honneur.*

Je ne répéterai pas ici, Messieurs, tout ce que contient ma pétition du mois de juin 1824, en voici seulement le précis : Des dilapidations considérables avaient lieu dans l'administration de la marine au port du Hâvre ; elles furent dénoncées par M. Charié, sous-commissaire de la marine, qui avait été employé dans ce port. Quelque temps après, me trouvant à Paris, on me demanda au ministère mon opinion sur les divers faits dénoncés, et notamment sur ceux qui concernaient le bureau des classes et armemens ( c'était le 7 août 1820). Il me répugnait beaucoup d'avoir à m'expliquer sur tout ce qui se passait au Hâvre, car ma déposition devait compromettre mes chefs ; on s'aperçut de cette répugnance ; pour la vaincre, on me

---

(1) MM. Duplessis de Grénédan, rapporteur ; De Charencey, Petou et de Bouville.

jura le secret ; je dis ce que je pensais , quoique bien à regret : je ne pouvais mentir à ma conscience ; une enquête eut lieu ; ma déposition fut reconnue vraie dans toutes ses parties : de là datent tous mes malheurs ! Les chefs , qui avaient intérêt à ce que j'eusse trahi la vérité , m'ont gardé une haine implacable ; je n'ai pas voulu être faux témoin , voilà mes torts ; ils m'ont calomnié , eux et leurs vils agens ; ils m'ont abreuvé de dégoûts ; ils m'ont poussé jusqu'aux portes du tombeau ; ils ont inventé un refus de servir ; ils ont fait disparaître ma justification et la pièce authentique qui la constatait ; ils m'ont privé de mon état , de mes moyens d'existence , pour moi et pour ma famille ; enfin , en trompant le ministre , ils m'ont réduit à une position affreuse : voilà la vérité , toute la vérité , je dois la publier , c'est le seul adoucissement à mes maux.

Ce n'est point d'un acte arbitraire de la part du ministre , que je me plains , Messieurs ; je sais que Son Excellence a le droit de mettre à la retraite tel officier civil ou militaire qu'elle juge à propos , en exécution des lois ; mais , pour ce qui me regarde , cette décision de mise en retraite n'est que le résultat de la calomnie et de machinations odieuses qui ont empêché la vérité d'arriver jusqu'au ministre ; il ne me reste qu'un remède à tant d'infortunes , c'est de solliciter l'appui de la Chambre auprès de S. Exc. le ministre actuel de la marine , pour obtenir la révision de la décision qui me concerne.

Voyons actuellement la note remise à la commission de la Chambre. Je diviserai cette note par parties que je ferai suivre de ma réponse.

### TEXTE DE LA NOTE.

« *En* 1820, *deux dénonciations ont été portées*
» *successivement contre l'administration de la ma-*
» *rine, au Hâvre. La première, par le sieur* Charié,
» *ancien sous-commissaire de ce port ; la seconde, par*
» *le sieur* Leroux, *commis de la marine, qui était*
» *employé au Hâvre.* »

*Réponse :* On a commis une erreur volontaire en
disant dans la note que *deux dénonciations* avaient été
faites : il y en a eu plus d'une, à la vérité ; le sieur
Charié en a lui-même adressé un grand nombre. Mais
je défie qu'on puisse représenter de moi une seule dénonciation ; je n'ai jamais cherché qu'à me justifier ;
j'ai été invité, au nom du ministre, à déposer sur *une*
*des dénonciations* du sieur Charié, ainsi qu'en est con-
venu M. Daugier à la tribune. (Voir le *Moniteur* du
3 juillet 1824.) Cette invitation de Son Excellence
n'était-elle pas un ordre pour moi? pouvais-je refuser?
ne devais-je pas obéir? Pour écarter mes scrupules, on
me jura de garder le secret ; on alla même jusqu'à me
dire que mon silence pourrait faire prendre à l'affaire
une tournure plus fâcheuse pour les accusés. Qui n'aurait pas agi ainsi que je l'ai fait? Je n'ai donc pas été
*dénonciateur*, j'ai été témoin, forcément et contre ma
volonté ; il faut donc effacer cette qualification inju-
rieuse de *dénonciateur* qui m'est attribuée si bénévo-
lement.

### CONTINUATION DU TEXTE DE LA NOTE.

« *L'examen le plus attentif a démontré que les as-*

» *sertions du sieur Charié n'étaient pas de nature à*
» *faire naître contre les administrateurs du Hâvre le*
» *moindre soupçon qui pût blesser leur honneur.* »

Le rédacteur de cette note est bien ignorant de l'affaire dont il rend compte, s'il en parle ainsi innocemment; mais s'il a écrit la note avec connaissance de cause, il y a plus que de l'erreur : je ne qualifierai pas ce fait.

Comment a-t-on pu dire que la dénonciation du sieur Charié n'était pas de nature à blesser l'honneur des administrateurs de la marine au Hâvre? Grand Dieu ! si leur honneur n'était plus dans le cas d'en recevoir aucune atteinte, de quelle espèce était donc leur honneur? Qu'on en juge; voici le texte de *l'une* des *dénonciations* du sieur Charié sur laquelle j'ai été obligé de déposer au ministère de la marine.

« *Parmi* les concussions et *autres* abus qui se com-
» mettent journellement dans le port du Hâvre, on désignera particulièrement les suivans :
» Les trois rôles d'armemens délivrés au commerce,
» doivent être payés, d'après la loi, 3 francs 80 cen-
» times; on exige 9 francs (1).
» On a imaginé de faire donner par les armateurs
» des certificats d'armes embarquées sur les bâtimens.
» Ces certificats, que l'on a fait imprimer, sont payés

---

(1) Ceci était une véritable concussion qu'il serait impossible d'excuser, par le motif qu'il n'y avait pas assez de commis payés par le Roi pour expédier les rôles d'équipages; car le personnel *entretenu* du bureau des classes du Hâvre avait été augmenté précisément pour ce travail, sur les réclamations de la chambre de commerce de ce port.

....mes et exigés en double expédition : l'impres-
» sion de ces certificats ne revient à l'administration
» qu'à 5 francs le cent.

» La gestion de la caisse, dite des fonds libres, qui
» se compose de la perception sur les pontons, grils et
» autres machines prêtées au commerce, qui était au-
» trefois confiée au trésorier des invalides, l'est pré-
» sentement au commissaire des classes (1), qui n'est
» soumis à aucune espèce de surveillance. Les mandats
» sur cette caisse ne passent ni au bureau des fonds,
» où il ne s'en tient aucune écriture, ni même au con-
» trôle; enfin, le commissaire qui en est chargé n'en
» rend aucun compte (2). M. Charié et son successeur,

---

(1) Ce commissaire des classes (M. Raffin) est celui que le ministère présente comme ayant été suspendu de ses fonctions pendant
deux ans. (*Moniteur* du 5 juillet 1824, n° 187.)

(2) On dira peut-être qu'on avis du conseil d'état du 9 messidor
an 9, autorisait cette perception ; cela est vrai ; mais cet avis, que
l'on pouvait, à juste titre, considérer comme abrogé depuis la loi
de finances du 25 mars 1817, déclarait du moins que les *fonds provenant de la location* faite au commerce des pontons, radeaux, grils,
ancres, mâture, grues, cabestans, bateaux à pompes, etc., etc.,
devaient exclusivement être *affectés à l'entretien de ces objets.*

Or, les défenseurs des inculpés oseraient-ils seulement attester
que la comptabilité occulte des fonds libres du Hâvre, ait été admi-
nistrée d'après ces *règles?* M. Chabanon, qui s'était constitué le
distributeur de ces fonds, et qui repoussait sur ce point toute espèce
de contrôle, eût été sans doute fort embarrassé si on eût exigé de lui
des justifications réelles. Au surplus, il semble que M. le baron
Portal ait fini par soulever un coin du voile ; car il a fait rentrer,
après l'enquête de 1820, dans la caisse du domaine, le produit de
cette perception. Qu'on ne croie pas, cependant, que la perception
ait passé au domaine telle qu'elle était entre les mains de M. Chabanon ; comme il importait de tromper le ministre sur l'importance

» M. Sevin, chargés du bureau des fonds, ont voulu à
» diverses époques connaître la situation de cette caisse
» dont le contenu est évalué, année commune, de 45
» à 50,000 francs : on s'est refusé à leur demande.» (Voir
à la fin de la présente pétition, pièce A, la lettre
officielle de M. Sevin, actuellement commissaire de
la marine, à Rouen.)

« Un sieur L***, employé par le commissaire des
» classes, fait un commerce scandaleux, particulière-
» ment sur les soldes arriérées, et parts de prises dues
» aux marins. Aussitôt que les états de répartitions ar-
» rivent, ces états sont portés chez le commissaire,
» qui en donne avant tout communication au sieur L***
» qui en prend note, et après s'être procuré des ren-
» seignemens sur la demeure des marins, leur achète
» leur créance à vil prix, avant que l'état de répartition
» soit rendu public (1). Le sieur L*** fait ce commerce
» au bureau des classes même; il est aussi fournisseur
» des bois de chauffage et chargé des transports par
» eau, sans qu'il ait été fait pour ces deux objets d'ad-
» judication légale.

» L'échouement du navire *le Tage*, sur les côtes de

---

de ces recettes, dont il était si difficile de justifier l'emploi, on a eu
l'adresse d'abaisser le prix du tarif; en sorte que, suivant ce qui
m'a été dit par M. B*** fils aîné, négociant du Hâvre, certaine location qui était auparavant de 18 *francs*, ne rapportait plus au domaine que la modique somme d'*un franc*.

(1) Ceci explique les retards apportés au décomptage et au paiement des remises faites pour les marins du Hâvre, et comment
M. Desgranges, en succédant à M. Raffin, s'est trouvé dans la né-
cessité de se livrer personnellement à ce travail, qui était arriéré de
trois ans.

» Fécamp, et dont le sauvetage a été administré au
» Hâvre, a donné lieu à des vols de toute espèce (1) :
» aux frais déjà considérables qui ont été faits, on en a
» ajouté de supposés. On a fait payer l'emmagasinage
» dans les bâtimens de la marine, et l'on s'en est ap-
» proprié le montant. Les syndics de la chambre d'as-
» surance ayant alloué une gratification de 2,600 francs
» aux commis chargés de ce sauvetage, cette somme
» qui, d'après les lois, devait être refusée, a été tou-
» chée par le commissaire des classes, qui se l'est ap-
» propriée entièrement.

 » On donne une extension coupable à la loi qui or-
» donne la confiscation de la solde des déserteurs (2).
» Cette confiscation, qui ne doit porter que sur la solde
» acquise sur le bâtiment d'où le déserteur s'est absenté,
» on la fait encore porter sur celle acquise à bord du
» bâtiment où se trouve en dernier lieu le déserteur.

---

(1) Le sieur Charié fait allusion à l'ordre donné au commissaire de
Fécamp, administrateur des plus intègres, par le commissaire Raffin,
alors chargé de faire l'intérim du commissaire général. D'après cet
ordre, la cargaison du navire *le Tage* a été extraite des magasins de
Fécamp et transportée *par mer* au Hâvre : ainsi les marchandises,
par un acte jusqu'alors sans exemple dans l'administration, ont re-
commencé à courir les risques de mer, quoiqu'il n'y eût pas de réclamation écrite, soit de la part des propriétaires, soit de la part
des assureurs, puisque dans ce dernier cas le devoir de l'administration eût été de leur remettre purement et simplement l'administration du sauvetage.

Que si l'on demande le motif réel de cette dérogation à l'ordonnance du mois d'août 1681, et à l'arrêté du 17 floréal an 9, je ren-
verrai à ce que dit le sieur Charié dans le même paragraphe.

(2) Voir la loi du 13 mai 1791, sur la caisse des invalides de la
marine.

« Cette solde fixée dans les colonies, où il est diffi-
» cile de se procurer des marins, peut être évaluée
» pour chacun de 3 à 400 francs. Le commissaire des
» classes en fait remettre une légère partie au marin
» qu'il fait mettre en prison, pour le mettre à même de
» payer ses frais de geolage, de gendarme, etc., et
» s'empare du reste (1). »

Ces faits ont été reconnus vrais; le commissaire des classes a été renvoyé (2). Sont-ce là des allégations *qui n'étaient pas de nature à faire naître le moindre soupçon qui pût blesser l'honneur des administrateurs?* Vous êtes à même, Messieurs, d'en juger actuellement.

SUITE DU TEXTE DE LA NOTE.

« *Les dénonciations du sieur* Leroux *donnèrent*
» *lieu à une enquête spéciale, et elle prouva que ce*
» *commis avait fondé sur des faits vrais une accusa-*
» *tion injuste, parce qu'il n'avait pu savoir l'emploi*
» *qu'avaient reçu les fonds provenant des ventes qu'il*
» *dénonçait.* »

---

(1) On vient de lire le texte de *l'une* des nombreuses dénonciations du sieur Charié. Je crois devoir y ajouter les griefs consignés
dans l'une des parties du discours prononcé le 2 avril 1822 à la tribune de la Chambre des Députés, par M. Laisné de Villevêque.

« Les rôles des équipages des bâtimens du Roi portaient comme
» présens des individus qui n'avaient pas été embarqués.

» Sur les rôles des ouvriers des chantiers et ateliers figuraient des
» hommes qui n'y travaillaient pas.

» Les gratifications accordées aux employés étaient portées au
» quintuple de celles que l'on payait réellement, etc., etc. »

(2) Mais ce qui prouve qu'on l'a frappé d'une main bienveillante
et comme à regret, c'est qu'il reçoit à Paris les appointemens de son
grade sans en remplir les fonctions.

Je ne saurais trop le répéter, je n'ai jamais dénoncé personne, j'ai déposé sur une dénonciation ; j'ai répondu à des questions qui m'étaient faites sur tout ce qui se passait au Hâvre : ma déposition nécessita une enquête. (Voir pages 9 à 14 de ma pétition de juin 1824, ce qu'on doit entendre par le mot enquête appliqué à des interrogatoires dirigés par le commissaire général, inculpé lui-même, et recueillis par son secrétaire ; tandis que la raison seule commandait d'envoyer sur les lieux un agent désintéressé devant lequel les témoins eussent parlé librement. S'il en eût été ainsi, M. le commissaire de marine Sevin, tout en déclarant qu'il avait connaissance de ventes illicites, ne se serait pas abstenu de déposer. Consulter, à ce sujet, les procès-verbaux déposés au ministère.) Les témoins entendus déposèrent que l'on avait vendu *clandestinement* et *illégalement* plus de 10,250 *kilogrammes de fers de différentes espèces ; plus de 5,000 kilogrammes de fer feuillard ; plus de 120,000 kilogrammes de fer de fonte pour lest ; plus de 5,000 kilogrammes de papiers ; une quantité innombrable de voiles, de livres, de cartes géographiques, etc., etc.;* de plus, tous les faits énoncés par le sieur Charié étaient également prouvés (1).

Était-ce à moi, témoin, à savoir si le prix de toutes ces choses vendues *illicitement* avait été versé dans la

---

(1) Je laisse à penser dans quelle intention on a remis en activité cet administrateur, qui jouissait d'une pension de retraite depuis plusieurs années ; et d'un autre côté, je ne puis m'empêcher de faire remarquer qu'en le rappelant à l'activité, par suite de la vérification des faits qu'il avait dénoncés, on l'a destiné pour la Guadeloupe, où il a trouvé la mort.

caisse du domaine ; si ceux qui les ont vendues en ont fait leur profit particulier ou non ; si les sommes énormes qui en sont provenues ont été employées pour le seul service du Roi ; évidemment je n'avais rien à dire sur tous ces points. Mais pourquoi le rédacteur de la note abandonne-t-il si vite cette partie importante de la discussion ? on dirait qu'il se trouve sur des charbons ardens ! Que n'ajoutait-il quelques mots pour faire tomber toutes les accusations ? Pourquoi ne pas citer à la commission de la Chambre la caisse *publique* où il aurait été fait des versemens, les dépenses *publiques* qui auraient été acquittées avec ces fonds ? C'était un moyen sûr de détruire tout ce qui a pu être dit touchant la clandestinité des ventes, les fonctions de comptables remplies par des administrateurs ; enfin, le mystère dont toutes ces opérations ont été enveloppées. Alors, et seulement alors, on eût repoussé l'application de cet axiome : *Qui malè agit, odit lucem* (1).

---

(1) Pour vendre des approvisionnemens de la marine, il faut, d'après les règles du service :

1° Qu'ils aient été, par le conseil d'administration, jugés *inutiles ou hors d'état d'être employés au service, pour cause de dépérissement ou défectuosité.* (Les fers feuillards dont la vente a été constatée dans l'enquête, étaient si peu impropres au service, que M. Landrin, directeur des vivres de la marine au Hâvre, et son commis, M. Tournier, déclarèrent avoir racheté du marchand Hubert, une forte partie de ces fers, qui fut expédiée pour d'autres ports, et admise comme étant de première qualité.)

2° Que la vente ait été préalablement *ordonnée* par le ministre de la marine.

3° Qu'elle se fasse par adjudication au plus offrant et dernier enchérisseur, et en présence du contrôleur de la marine.

(Arrêté du gouvernement du 13 prairial an 10, Bulletin des<br>lois, n° 194, p. 361.)

Il n'est donc pas raisonnable de m'imputer, à moi, témoin, l'ignorance de l'emploi des fonds ; car ma déposition n'avait pas cet objet pour but ; il suffit que tous les faits sur lesquels on m'avait contraint de déposer aient été reconnus vrais, et ils l'ont été et bien au-delà, pour que ma déposition fût jugée sincère et qu'aucun reproche ne pût m'être adressé.

SUITE DU TEXTE DE LA NOTE.

« *Cependant M. le baron Portal, jugeant qu'il y* « *avait eu des torts de négligence, fit remplacer le* « *commissaire des armemens au Hâvre, et l'un des* « *commis du contrôle fut envoyé à Rochefort : si le* « *sieur Leroux ne reçut pas un changement de desti-* « *nation, il le dut aux demandes instantes de M. Cha-* « *banon, qui représenta que ce commis avait été suf-* « *fisamment puni par les arrêts auxquels le ministre* « *l'avait condamné précédemment.* »

Que Son Excellence n'ait vu que des torts de *négligence*, tant mieux pour les chefs qui étaient directement inculpés (1) ; mais dire que pour ces torts de

---

Quant au produit de ces ventes, il devait, pour celles qui ont eu lieu jusqu'à 1817, être versé dans la caisse du payeur de la marine ; et pour celles qui ont eu lieu depuis 1817, dans la caisse du receveur des domaines, lequel devait être appelé aux ventes.

(*Arrêté du 13 prairial an 10 ; ordonnance du 24 septembre 1817, et instructions ministérielles y relatives ;*
*Ordonnance du 14 septembre 1822, article 3, Bulletin des lois, n° 55.*)

(1) Faudrait-il croire avec M. Laisné de Villevêque, qu'à la suite de l'enquête qu'il qualifie « *d'hypocrite,* » les délits ont été « adroitement excusés par des rapports fallacieux ? » (*Moniteur du 3 avril 1822.*)

négligence, le commissaire des armemens fut remplacé et un commis du contrôle envoyé à Rochefort, c'est confondre des choses tout-à-fait distinctes et qui n'ont aucun rapport entre elles; c'est donner le change. Le commissaire des *armemens* fut éloigné dans le mois de *septembre* 1820, sur la seule inspection des registres de comptabilité, des rôles d'armemens et de désarmemens, et pour les faits concernant le bureau des *classes et armemens*, d'après les dénonciations du sieur Charié. Mais la vente de tous les objets, tels que fer, voiles, etc., etc., qui appartenaient aux bureaux des *approvisionnemens*, du *magasin général* et des *chantiers et ateliers*, les témoins n'en parlèrent; et l'enquête ne fut faite que *le 3 novembre* 1820; le commissaire aux classes et armemens avait cessé ses fonctions plus d'un mois avant qu'elle ne fût commencée; il n'est donc pas vrai de dire *qu'il n'y avait eu que des torts de négligence qui firent remplacer le commissaire des armemens.* Ce commissaire ne fut pas remplacé pour ces

---

Aurait-on allégué de prétendus prêts au commerce, de prétendus échanges, faits dans l'intérêt du service? Aurait-on enfin supposé des dépenses, ou grossi mensongèrement celles qui ont pu être faites? Le mot *négligence*, après ce qui s'est passé, autoriserait encore bien des suppositions. Je dirai seulement, quant aux prêts allégués, que le sieur L*** avait cherché, lors de l'enquête, à faire prévaloir ce système de défense, relativement à une partie des 120,000 kilogrammes de lest en fer clandestinement sortis des magasins de la marine; s'appuyant sur deux demandes qu'il aurait adressées à l'administration les 25 mars et 15 octobre 1818; mais qu'il fut reconnu que ces prétendues demandes n'avaient pas même été enregistrées au magasin général; d'où la preuve qu'elles avaient été fabriquées dans l'intérêt de la défense. (Voir, à ce sujet, les deux lettres du sous-commissaire Morin, au nombre des pièces de l'enquête.)

faits de vente, puisqu'il était étranger aux bureaux des approvisionnemens, du magasin général et des chantiers et ateliers auxquels appartenaient tous les objets vendus; il avait été renvoyé précédemment pour ce qui regardait seulement le bureau des *classes et armemens.*

*Un commis du contrôle fut envoyé à Rochefort.* Ce commis, éminemment probe, fut puni, quoique irréprochable; il eut la délicatesse de ne vouloir compromettre personne. Depuis, son innocence a été proclamée, et il a obtenu de l'avancement, à juste titre (1).

---

(1) Il est à remarquer qu'on reprochait à ce commis de n'avoir pas donné connaissance à son chef immédiat, de ventes qu'il savait être *illicites.* Donc les ventes qui avaient eu lieu étaient *illicites!* et alors pourquoi vient-on dire dans la note, que mon accusation, basée d'ailleurs sur des faits *vrais*, était injuste?

Quant à donner connaissance à son chef de ce qu'il y avait *d'illicite*, on peut juger de la manière dont ses observations auraient été accueillies par l'extrait ci-après d'une plainte portée au ministre de la marine, le 20 août 1820, par un commis extraordinaire du contrôle, jouissant aujourd'hui d'une pension de retraite qui lui a été accordée par le Roi.

«Je dois vous faire observer, Monseigneur, que j'ai été employé » comme commis auxiliaire, au bureau du contrôle de ce port, de- » puis le 11 octobre 1817 jusques et compris le 30 septembre 1819, » aux appointemens de 600 francs par an; mais par l'inhumanité et » l'insatiable cupidité du chef de ce bureau, je n'ai jamais pu re- » cevoir que la somme de 360 francs par an, payable sur les *fonds* » *libres*, de trois mois en trois mois, encore bien qu'il me forçât de » quittancer l'état trimestriel pour celle de 600 francs. Lui ayant » fait observer qu'il était injuste de me faire émarger un état, pour » une somme que je ne recevais réellement pas, je le suppliai, eu » égard à l'état de détresse dans lequel je me trouvais, de vouloir » bien m'accorder le surplus de la somme qu'il me retenait, ou une » faible augmentation de 10 francs par mois. Ne voulant point » faire droit à ma demande, il me répondit que je devais me con-

Si je ne fus pas *puni*, dit méchamment le rédacteur de la note, je le dus *aux demandes instantes de M. Chabanon*. Comment moi, témoin, être uniquement passif dans cette affaire, étranger aux faits, j'aurais été mis au rang des coupables, j'aurais été puni, et pourquoi? ç'aurait donc été pour ma sincérité: ce passage de la note est bien significatif; j'aurais été puni, moi, dont la faute avait été de ne pas mentir à ma conscience! Mais on punit donc les témoins lorsqu'ils déposent de la vérité!

Loin d'être puni, je fus réintégré *avec éloge* par Son Excellence (voir sa lettre du 7 novembre 1820, page 14 de ma pétition du mois de juin 1824); j'avais été mis aux arrêts, mais ce n'était pas pour les faits relatifs à l'enquête, c'était pour avoir été à Paris sans congé, afin d'instruire le ministre des tourmens qu'on me fai-

----

« tenter de ce qu'il voulait bien me donner, et exigea que je me ré-
« tractasse, par écrit, de mes prétentions, si je voulais qu'il me
« conservât à son bureau. Pressé de plus en plus par le besoin, je
« consentis, quoiqu'à regret, au sacrifice pénible qu'il exigeait de
« moi; et à peine fut-il fait qu'il me fit signifier, et me signifia lui-
« même de me retirer, en me disant qu'il s'était arrangé avec une
« autre personne pour me remplacer. Désespéré par le coup qu'il
« venait de me porter, je m'adressai à M. Chabanon, croyant qu'il
« me rendrait plus de justice, soit en me faisant replacer dans le
« bureau d'où je sortais, soit en me procurant un autre emploi pour
« m'aider à exister; mais, au contraire, il me répondit que M. le
« contrôleur était libre de faire ce qu'il lui plaisait dans son bureau;
« et m'accorda, par commisération, une somme de 60 francs pour
« toute chose (*).

(*) Ce contrôleur (M. Lelong) a reçu depuis une décoration et de l'avancement.

sait éprouver, ainsi que je l'ai détaillé dans ma pétition, précitée, pages 8 et suivantes; je ne pouvais et ne devais donc pas être puni, comme le dit perfidement le rédacteur de la note, c'était une chose impossible.

*M. Chabanon se serait intéressé à moi!* M. Chabanon! l'auteur de toutes mes peines, je le dis à regret; lui, que l'enquête avait tant compromis! lui, qui m'abreuvait de dégoûts et d'amertume pour n'avoir pas déposé au ministère contre ma conscience; lui, qui me mit en chartre-privée dans son hôtel; lui, qui faussant ses promesses et ses sermens, me jura une haine inexorable dont je n'ai que trop ressenti les effets.

Que l'auteur de la note cherche à l'excuser, je ne m'en plaindrai pas; mais qu'il le présente comme me protégeant, c'est une allégation qui, dans mon malheur, est aussi cruelle que ridicule.

SUITE DU TEXTE DE LA NOTE:

« *En 1821, le sieur* Leroux *sollicita un congé que*
» *le ministre lui refusa, et le 10 avril de la même*
» *année il renouvela sa demande ou son admission à*
» *la retraite. Cependant le ministre voulut bien le trai-*
» *ter avec indulgence, car il répondit le 14 au commis-*
» *saire-général du Hâvre, que le sieur* Leroux *ne*
» *réunissant pas le temps de services exigé par les ré-*
» *glemens pour demander sa retraite, il ne pourrait*
» *être considéré que comme démissionnaire et licencié*
» *sans pension. Le sieur* Leroux *ne persista point.* »

Cette partie de la note prouve encore jusqu'à l'évidence que tout ce qui a été fait est l'œuvre de l'intrigue, et que Son Excellence a été trompée, ainsi que vous allez le voir.

Après l'enquête et ma réintégration, toutes les passions furent déchaînées contre moi; j'éprouvais chaque jour de nouvelles humiliations, de nouvelles avanies; je ne pouvais pas vivre dans cet état perpétuel de chagrins; je voulais en instruire Son Excellence. Je demandai un congé, il me fut refusé; alors, afin d'être libre et de pouvoir me rendre à Paris, je réitérai ma demande en congé ou mon admission à la retraite, mais sans faire connaître l'état de mes services. L'admission à la retraite me fut refusée, *parce que*, dit-on, *je ne réunissais pas le temps de services voulu;* mais comment le savait-on, puisque je n'avais fourni aucun état de services, et que je ne l'ai pas encore produit présentement, et que mon admission à la retraite n'est point encore sanctionnée par Sa Majesté? Mais voici pourquoi on refusa de m'admettre à la retraite, et que l'on colora ce refus de l'insuffisance de la durée de mes services : par mon admission à la retraite, j'aurais été libre; je me serais rendu à Paris; j'aurais informé Son Excellence du traitement que l'on me faisait essuyer; c'est ce que l'on ne voulait pas, c'est même ce que l'on craignait beaucoup; il fallait donc me refuser le congé et même mon admission à la retraite; il fallait que je fusse enchaîné au Hâvre, tant on redoutait ma présence à Paris. C'est ainsi qu'on y réussit en me refusant et le congé et la retraite. Je ne persistai pas, et il ne fut plus question de mise en retraite.

CONTINUATION DU TEXTE DE LA NOTE:

*« Au mois d'août* 1822*, les besoins du service exi-*

» geant qu'un commis de la marine fût momentanément
» envoyé à *Fécamp*, le sieur Leroux reçut l'ordre de
» suivre cette destination ; mais le commissaire chargé
» du service par intérim au *Hâvre*, connaissant l'esprit
» d'insubordination du sieur Leroux, avait eu soin de
» le faire visiter par le chirurgien de la marine, qui
» lui rendit le compte suivant : Ayant encore, d'après
» vos ordres, visité aujourd'hui M. Leroux, j'ai l'hon-
» neur de vous informer que son crachement de sang
» est tout-à-fait terminé, et que sa santé me paraît
» assez bonne pour lui permettre de suivre la destina-
» tion que vous lui avez donnée.

» *Le sieur* Leroux *refusa : le commissaire chargé*
» *du service lui ordonna les arrêts, et rendit compte au*
» *ministre de l'état des choses.* »

La fausseté des faits énoncés dans le certificat du
*chirurgien* fut constatée par une attestation des quatre
premiers docteurs de la ville du Hâvre, *MM. Le Che-*
*vrel, Penquer, Foubert-Despalières,* et *A. Desjar-*
*dins* (1) (page 18 de ma pétition du mois de juin 1824.)

---

(1) Il est bien récompensé, ce *chirurgien* de la marine, pour le
mal qu'il m'a fait, par ordre, et pour celui qu'il fait encore à mes
anciens collègues ! on le laisse dans un port où il n'y a plus ni cons-
tructions, ni armemens, où le personnel est extrêmement réduit ;
mais où, en revanche, il exploite à son profit la clientelle de la
ville ; on le maintient au Hâvre, quoiqu'il figure, depuis plus de
deux ans, sur les listes de la marine comme attaché au port de Cherbourg ! On est bien sûr de retrouver ce chirurgien (le sieur Huet)
toutes les fois qu'il s'agit de nuire, dans l'intérêt des concussion-
naires, aux administrateurs purs qu'on cherche à éloigner. Sans
parler de M. Margat, qui paraît avoir, sous le rapport de la santé,
des reproches extrêmement graves à adresser contre ce chirurgien,

J'étais si peu *insubordonné*, comme le dit calomnieusement l'auteur de la note, que M. le commissaire Desgranges, chargé par *intérim* du service, avait eu la bonté précédemment de demander plusieurs fois pour moi de l'avancement; et que, dans ses lettres à M. de Vauvilliers, secrétaire-général, son beau-frère, il y

---

je citerai quelques passages d'une lettre adressée au ministre, le 6 avril 1824, par M. Courmaceul, commis entretenu de la marine au Hâvre.

« A quoi pourrais-je attribuer la persévérance que M. le commis-
» saire-général Chabanon met à m'éloigner du port du Hâvre ? Se-
» rait-ce parce que j'aurais eu connaissance de *faits très-répréhensibles*
» qui pourraient être *ajoutés à ceux déjà signalés?* Serait-ce seulement
» parce qu'il préférerait à ceux dont la conscience est irréprochable,
» des personnes dont l'infidélité a compromis l'administration ? Ces
» réflexions pénibles sont autorisées par la conduite du chirurgien de
» la marine, qui, tout en reconnaissant, en présence de mes cinq
» enfans, que la maladie de ma femme était désespérée, s'est néan-
» moins refusé à constater son état : coupable effet de l'influence ! !
» Cependant, Monseigneur, j'étais loin de prévoir une semblable
» persécution : mes longs et honorables services; les témoignages
» favorables de messieurs les généraux Halgan et Jurien; l'estime
» particulière de mes chefs immédiats; mon existence tant civile
» que politique; le silence enfin que j'ai gardé jusqu'à ce moment,
» *dans l'intérêt et pour l'honneur du département de la marine*, tout
» semblait devoir m'en préserver (*).

» *Signé* Courmaceul. »

(*) *On sait que ce commis de marine, père d'une nombreuse famille, et menacé à chaque instant de perdre sa femme, est dans l'impossibilité de se rendre à la destination qu'on ne lui a d'ailleurs assignée que parce que sa position le retenait forcément au Hâvre; et c'est le moment qu'on choisit pour le mettre à demi-solde, c'est-à-dire, pour le placer, avec moins de 600 francs par an, dans la cruelle alternative de perdre le fruit de ses services, ou de laisser sans secours sa malheureuse épouse et ses cinq enfans! Il y avait pourtant au Hâvre des commis de marine garçons, ou moins anciens que lui, sous le rapport des services, qu'on pouvait et qu'on devait même désigner pour Cherbourg, de préférence à lui.*

rendait compte de ma conduite, et m'y recommandait d'une manière particulière. Ainsi, loin d'être *insubordonné*, je possédais au contraire l'estime et la bienveillance de mon chef immédiat.

Cet ordre de changement de résidence était du fait de M. Chabanon, qui était à Paris, mais qui le transmit à M. Desgranges pour me le notifier. M. Desgranges, homme intègre, qui connaît tous mes malheurs, sait à quoi s'en tenir sur toute cette affaire.

SUITE DE LA NOTE :

« *Son Excellence, par décision du 22 août 1822,* » *prononça la mise en retraite du sieur* Leroux.

» *Le ministre a donc usé de son droit : et il est à* » *remarquer qu'un sentiment de bienveillance a dicté* » *sa décision, car on aurait pu rigoureusement appli-* » *quer au sieur* Leroux *les dispositions de l'arrêté du* » 11 *fructidor an XI, encore en vigueur, portant :* La » démission et le refus de servir emportent la privation » du traitement de réforme. »

La privation du traitement de *réforme*, dit la loi, mais non pas la privation de la *pension de retraite;* ainsi, sous ce premier rapport, cet article de loi ne me concernait pas, et l'on ne m'a pas fait grâce en ne me l'appliquant pas.

Mais il existe de plus, dans ce paragraphe de la note, la preuve matérielle que la décision de mise en retraite a été surprise à la religion du ministre. M. le commissaire, par sa lettre du 23 août 1822 (pages 19 et 27 de ma pétition du mois de juin 1824), m'annonçait que j'étais admis à la retraite par décision du 20 *du même mois*, et la décision n'a été signée que *le* 22 ; ainsi, l'ordre de mise en retraite était expédié dans les bureaux pour le Hâvre avant qu'il ne fût signé du ministre.

M. Chabanon était à Paris.

Peut-on désirer une plus forte preuve de l'obreption et de la subreption qui ont été employées pour tromper Son Excellence ? L'arrêté du 11 fructidor an XI n'aurait été de plus applicable qu'autant qu'il y eût eu *refus* de servir de ma part ; mais il y avait *impossibilité* constatée. Donner cet ordre de changement de résidence, c'était ordonner à la mort de marcher : le ministre a donc été trompé sur tous les points ; cette vérité va de nouveau être démontrée par ce qui suit.

### SUITE ET FIN DE LA NOTE :

*« Ce n'est que le 11 avril 1823 que le sieur* Leroux *» a réclamé pour la première fois contre sa mise en » retraite. Le ministre, en lui répondant, le 19, qu'il » ne pouvait revenir sur sa décision, eut la bienveil-*
*» lante attention de prévenir le sieur* Leroux *que le » retard qu'il mettait à produire l'état de ses services » pouvait lui devenir préjudiciable pour la liquidation » de sa pension ; mais le sieur* Leroux *ne les a pas » encore fait parvenir.*

*» Tel est l'état de cette affaire. »*

Ici tous les faits ont été dénaturés d'une manière étrange : voilà l'exacte vérité.

J'étais dangereusement malade depuis le mois de mars 1822 ; depuis cette époque, je ne pouvais travailler, ni paraître aux revues. C'est dans cet état, que le 29 juillet de la même année, je reçus l'ordre si extraordinaire de me rendre sans délai à Fécamp ; je réclamai le même jour, en envoyant un certificat de mon médecin. L'ordre fut renouvelé le 6 *août ;* non pas que le service le demandât impérieusement, mais parce qu'on savait bien que je ne pouvais y obtempérer. (Voir ma lettre du 18 février 1823, page 27 de ma pétition du mois de juin 1824.) J'adressai alors ma supplique au ministre, et j'y annexai l'attestation des quatre médecins constatant l'impossibilité dans laquelle j'étais de me rendre à Fécamp. (Page 18 de la susdite pétition.)

Le 23 du même mois, je reçus l'avis de ma mise en retraite.

Le 24, j'en demandai les motifs ; il ne me fut fait aucune réponse.

Le 27, je réitérai ma demande ; même silence à mon égard.

Ma maladie dura jusqu'au mois de décembre suivant.

Lorsque je fus seulement en état de pouvoir supporter la voiture, je me rendis à Paris : le crachement de sang continuait toujours.

Le 14 décembre, je demandai par écrit à M. Daugier, directeur du personnel, une audience particulière.

Le 16, j'en reçus une réponse qui m'indiquait le lendemain 17.

Lors de cette conférence, M. Daugier me parut approuver toute ma conduite ; me plaignit beaucoup, et me conseilla de voir personnellement M. le marquis de Clermont-Tonnerre, ministre.

Je suivis ce conseil. Le 18 du même mois, j'eus

l'honneur de demander une audience à Son Excellence.

Le 23, je reçus une réponse par laquelle Son Excellence me demandait le motif de l'audience que je sollicitais.

Le 25, je l'indiquai : je ne reçus pas de réponse.

Alors, je résolus de revoir M. Daugier, qui me reçut encore avec bienveillance, et me dit qu'il avait entretenu le ministre de mon affaire, et que Son Excellence était dans l'intention de rapporter sa décision qui me mettait à la retraite. M. Daugier me donna le conseil de patienter, et me dit que je serais réintégré : j'attendis.

Mon épouse était malade; je retournai au Hâvre passer le mois de janvier 1825.

Je revins à Paris dans le courant de février; j'eus l'honneur d'écrire de nouveau, le 18 février, au ministre; je lui remis de nouveau un duplicata du certificat des quatre médecins, et je demandai de plus une audience.

Son Excellence m'indiqua le 27 du même mois.

Au jour fixé, je donnai à Son Excellence connaissance de tout ce qui s'était passé; M. de Clermont-Tonnerre m'accueillit avec on ne peut plus de bonté, et fut très-surpris de tout ce que je lui appris. *Il me dit qu'il ignorait entièrement ma maladie, et qu'il n'avait jamais eu connaissance du certificat des quatre médecins :* il voulut bien me promettre que justice me serait rendue.

J'attendis patiemment jusqu'au mois d'avril; ce séjour à Paris m'occasionnait des frais considérables. Je réitérai ma réclamation le 4 avril, et j'attendis encore (1).

Le 11, j'écrivis de nouveau pour prier qu'on voulût bien s'occuper de ma demande, comme Son Excellence me l'avait promis personnellement. Le 19, je reçus une réponse du ministre qui m'annonçait « qu'il ne pouvait revenir sur la décision dont j'avais été l'objet. »

Je vis alors qu'un mur d'airain s'élevait entre le ministre et moi ; qu'il accueillait mes observations avec bonté quand j'avais l'honneur de les lui présenter en personne ; mais que mes lettres qui accompagnaient les actes authentiques qui démontraient ma maladie ne pouvaient lui parvenir : mon séjour, ainsi prolongé à Paris, me ruinait ; je résolus d'en partir et de remporter avec moi le certificat des quatre médecins que j'avais annexé à ma demande d'audience du 18 février. Je redemandai ce certificat par une lettre datée du 26 avril 1823 : je ne reçus aucune réponse.

J'écrivis de nouveau le 30 : même silence.

Ces faits sont tellement certains que je suis porteur des bulletins d'enregistrement de toutes mes lettres, à

---

(1) Les mêmes circonstances se sont reproduites cette année : bien accueilli d'abord par M. le directeur Halgan, qui reconnaissait l'injustice dont j'étais victime ; puis, quelque temps après, recevant de la bouche même du ministre l'assurance qu'il avait donné l'ordre de me réintégrer au Hâvre, j'ai fini par obtenir la certitude cruelle qu'une main ennemie paralysait l'effet de ces dispositions bienveillantes. C'est alors que, pressé par ma famille dont j'étais éloigné depuis près de quatre mois, et craignant de ne retirer encore aucun fruit de mon nouveau séjour à Paris, je me suis vu forcé de faire remettre à l'hôtel de M. le général Halgan la lettre confidentielle qui se trouve à la fin de la présente, pièce B.

l'exception de ceux des lettres qui portaient les certificats qui ont été soustraits.

Enfin, le 5 mai, je reçus une lettre de M. le directeur du personnel, qui me dit qu'il n'avait pas connaissance de ces certificats. Je me déterminai alors à voir par moi-même dans les bureaux pour savoir ce qu'était devenu définitivement le dernier certificat que je réclamais. Je m'adressai à M. le secrétaire-général, qui me dit l'avoir remis à M. Vallette de Champigny, secrétaire particulier de Son Exc. M. de Clermont-Tonnerre.

Je vis M. Vallette de Champigny, qui me dit l'avoir envoyé à M. Petit, employé au secrétariat;

Celui-ci me dit l'avoir fait passer à M. Daugier, directeur du personnel;

M. Daugier me donna l'assurance de l'avoir fait remettre à M. Portier, sous-directeur du personnel;

M. Portier me dit l'avoir donné à M. Prigny, chef du personnel civil;

Celui-ci m'assura qu'il l'avait transmis à M. Remy, sous-chef de ce bureau;

Enfin, je vis M. Remy qui me dit n'avoir pas eu connaissance de ce certificat, qui détruisait complétement l'allégation de mon prétendu refus de servir.

J'ai renouvelé ma demande le 3 avril 1824, mais sans obtenir aucun résultat, quoique Son Excellence eût ordonné de lui faire un nouveau rapport.

Ainsi, il reste maintenant bien avéré que la pièce probante la plus essentielle a été soustraite; par qui? je l'ignore: mais il me suffit qu'elle l'ait été pour qu'il soit présentement démontré à vos yeux, aussi clair que le jour, que Son Excellence a été trompée à mon égard, et que sa décision lui a été surprise. Heureusement que MM. les docteurs ont bien voulu m'accorder un triplicata de leur certificat : j'en suis porteur.

D'après tous ces faits, il est inconcevable que la note remise à votre commission ait pu dire que ce n'était *que le 11 avril 1823 que j'avais réclamé pour la première fois contre ma mise en retraite*, lorsque vous voyez, Messieurs, *que depuis le 6 août 1822*, je n'ai cessé au contraire de protester et d'agir contre cette décision.

J'ai été l'instrument innocent et forcé de découvertes affligeantes ; je n'ai pas voulu mentir à ma conscience, lorsqu'on m'interrogeait ; j'ai parlé d'après l'ordre d'un ministre ; j'ai fait naître la haine des coupables ; on avait vaincu ma résistance en me promettant le secret ; j'ai parlé ; tout ce que j'ai dit a été vérifié et trouvé vrai par le résultat d'une enquête ; mais alors on a reculé devant la peine à infliger aux coupables ; on a cru, en accordant de l'avancement et des décorations, que l'on parviendrait à refouler l'opinion *publique ;* et on les a récompensés (1) ; mais, pour couronner cette

----

(1) Voir le discours de M. Laisné de Villevêque, député du Loiret, séance du 2 avril 1822, *Moniteur* du 3, à partir des mots : « *L'indignation publique*, » jusqu'à ceux-ci : « *La croix d'officier même en est devenue le salaire*. »

Mais ne craint-on pas le scandale et les conséquences d'un pareil oubli de tous les principes ? Ne sait-on pas quelle bouche a prononcé ces paroles : *Un mauvais arbre ne saurait produire de bons fruits ?* Indépendamment d'un nombre infini de ventes illicites dont il n'a pas été fait mention dans l'enquête de 1820, et dont la preuve ne serait que trop facile, de nouvelles dilapidations, sur lesquelles on paraît vouloir fermer les yeux, ont été commises par les mêmes chefs. Néanmoins, on leur continue la même protection, et surtout une

œuvre d'iniquité, on s'est vengé du faible ; on m'a persécuté ; on m'a abreuvé de dégoûts et d'amertume ; on m'a accablé d'outrages ; on m'a calomnié ; on a abusé de la confiance du ministre ; on m'a dépouillé de mon état ; on m'a privé de mon existence, moi et ma famille ; j'étais sans appui, sans défense ; on a voulu m'écraser ; mes torts sont d'avoir été fidèle envers mon Roi et de n'avoir pas voulu trahir ma conscience, mes devoirs et l'honneur ; à l'âge de quarante-six ans et après plus de trente années de bons et loyaux services, je suis réduit, par l'intrigue la plus odieuse et la plus révoltante, au sort le plus pénible ; et, pour comble de disgrâces, les titres où sont inscrits mes services, font partie des objets indûment vendus au Hâvre (1) ; j'ai tout perdu par le fait de ceux qui m'ont lâchement abattu. Je suis un grand exemple du faible anéanti par le puissant ; hélas ! est-ce en France, sous le règne auguste d'un Bourbon que tant de faits répréhensibles auront eu lieu contre un serviteur fidèle, sans qu'il puisse en obtenir le redressement ? La vérité et l'innocence seront-elles toujours étouffées ? Non, Messieurs, non, je ne puis le croire ; ma position vous intéressera ; une chambre si éminemment française, ennemie de la fraude, s'intéressera à tant de malheurs.

Dans ces circonstances, il ne me reste plus qu'à

______

confiance inexplicable ; tandis qu'on n'a cessé de me persécuter, moi, dont les déclarations ont amené la restitution d'objets d'une valeur considérable, qui, après avoir été frauduleusement distraits des inventaires et des situations, étaient sortis des magasins de l'état.

(1) Beaucoup de rôles d'équipages déposés au bureau des classes et armemens ont été vendus à la livre. (*Enquête du mois de novembre 1820.*)

supplier respectueusement la Chambre de renvoyer ma pétition du mois de juin 1824, et la présente pétition, en réponse à la note remise à votre commission, à Son Exc. M$^{gr}$ le ministre actuel de la marine; puisque la vérité n'a pu parvenir jusqu'à son prédécesseur, elle lui arrivera certainement à lui par cette voie. Son Excellence s'empressera de réparer, dans toutes ses conséquences, une injustice involontaire; son caractère et sa loyauté en sont de sûrs garans.

Je suis avec le plus profond respect,

Messieurs,

Votre très-humble

et très-obéissant serviteur

LEROUX.

*Présenté à la Chambre le 21 Mars 1825.*

# PIÈCE A,



N° 282. *Lettre adressée à M. Chabanon, commissaire général de la marine, au Hâvre, par M. Sevin, alors sous-commissaire, chargé du détail des fonds et revues.*

Le Hâvre, 4 octobre 1819.

« Monsieur le commissaire général,

» Je pense que l'administration des caisses dites des
» fonds libres et du port, est du ressort du commissaire
» des fonds et non de celui du commissaire de l'inscrip-
» tion maritime (1) : je crois à cet égard mon opinion jus-
» tifiée par les expressions de l'ordonnance royale du
» 29 novembre 1815, sur la régie et l'administration
» des ports et arsenaux, qui, après avoir rangé, par
» son article 12, l'emploi et la répartition des fonds et
» leur comptabilité dans les attributions de l'intendant,
» appelle, par son article 16, un commissaire de ma-
» rine à être chargé, sous les ordres dudit intendant,

---

(1) M. Sevin donne ici comme une simple opinion ce qui résulte
évidemment du texte et de l'esprit de la législation maritime : au
surplus, il le démontre un peu plus loin ; et il ne faut voir dans cette
phrase que l'intention de ne pas indisposer de prime-abord le commissaire-général ; M. Sevin aurait pu ajouter qu'un de ses prédéces-
seurs avait eu dans ses attributions l'administration de la caisse des
fonds libres.

» du détail des fonds et revues. Ce n'est pas tout, lors-
» qu'aucune ordonnance ni aucun réglement ne dési-
» gnent tel ou tel autre chef de détail pour être chargé
» *spécialement* de l'administration et de la comptabilité
» des caisses dites *des fonds libres et du port*, alors, tout
» équivoque cesse; car il demeure constant que l'une et
» l'autre rentrent dans les attributions du commissaire
» des fonds.

» En effet, la raison démontre que le commissaire
» des fonds doit connaître à ce titre, non-seulement de
» la recette et de la dépense des fonds des différens cha-
» pitres du budget, mais encore de toutes les gestions
» en deniers autres que celles des caisses des *prises*, *des*
» *gens de mer et des invalides*.

» Je ne parlerai point du maniement des fonds : je
» sais qu'il est du devoir d'un administrateur d'en lais-
» ser le soin à un trésorier *ad hoc* (1) ; j'entends par le

_______________

(1) Ici M. Sevin, en rappelant ce qui *devait se faire*, accusait de
la manière la plus formelle ce qui *se faisait alors au Havre*. En effet,
ce n'était pas le trésorier des invalides, ni tout autre comptable,
que M. Chabanon avait chargé de percevoir les recettes et d'acquitter
les dépenses des caisses dites *des fonds libres et du port*; car, il ne
faut pas confondre avec cette importante comptabilité, quelques
modiques sommes versées à ce titre chez le trésorier des invalides,
et qui n'en donneraient qu'une bien fausse idée; la véritable caisse
des fonds libres et du port était au bureau des classes, et c'était un
commis principal qui, tout à la fois, suivait les écritures de recette
et de dépense, faisait l'encaissement des valeurs, et distribuait les fonds
sur pièces informes, ou les remettait de la main à la main. Etrange ren-
versement de tous les principes, dont on chercherait vainement un
exemple dans les autres ports! Qu'on ne croie pas, au reste, que cette
observation de M. Sevin ait ouvert les yeux du commissaire général!
On se garda bien de répondre à la lettre ci-dessus, et les choses res-
tèrent sur le même pied. Mais du moins une violation aussi manifeste
des régles de la comptabilité n'aurait-elle pas fait tomber dans la
disgrâce et le commissaire-général qui la maintenait contre tout
avertissement, et le contrôleur qui l'autorisait de son silence, si
même il ne l'autorisait de sa participation; et le commis principal
qui, pour une rétribution illicite de *cinq pour cent*, avait consenti à
se faire *comptable*? Nullement; le commissaire-général est devenu or-
donnateur, le sous-contrôleur commissaire de la marine; et quant
au commis principal, qui est peut-être le troisième employé au-
quel M. l'ex-directeur Daugier a voulu faire allusion (*Moniteur du*
*5 juillet* 1814), il a été *déplacé*, il est vrai, mais pour aller remplir
un poste beaucoup plus avantageux, et après avoir reçu des témoignages de satisfaction et de confiance qu'on refusait aux employés
intègres et zélés.

» mot comptabilité, la surveillance et la direction des
» écritures et des comptes.

» Après avoir émis ces différentes opinions, Monsieur
» le commissaire-général, j'ai l'honneur de vous prier
» de faire rentrer dans mes attributions l'administration
» des caisses dites *des fonds libres et du port* : mon but,
» en vous faisant cette demande, est de me charger
» d'un travail qu'il est, je crois, de mon devoir de
» supporter, et, par là, de vous prouver que je n'ai
» rien tant à cœur que de mériter tout à la fois votre
» estime et la confiance du ministre.

» Recevez, etc.

» *Signé* Sevin. »

--------------------------

# PIÈCE B,

MENTIONNÉE A LA NOTE DE LA PAGE 26.

---

Lettre *adressée à Monsieur le contre-amiral* Halgan,
*directeur du personnel au ministère de la marine,
par* Jean-Baptiste-Adrien Leroux, *du Hâvre,
ancien commis entretenu de la marine, au port du
Hâvre.*

Paris, le 14 mars 1825.

« Mon général,

» Admis à votre audience du 3 de ce mois, j'ai eu
» l'honneur de vous laisser, sur votre demande, la pé-

» tition que je me trouvais forcé d'adresser aux Cham-
» bres (1). Vous vous étiez spontanément engagé à me
» la renvoyer dans les vingt-quatre heures, et vous
» aviez même pris à cet effet mon adresse.

» Cependant, mon général, vous ne m'avez pas fait
» remettre ce projet de pétition; et, d'un autre côté,
» vous ne m'avez transmis aucune solution sur mon
» affaire, bien que vous m'ayez assuré vous-même que
» le ministre avait ordonné ma réintégration.

» L'incertitude cruelle dans laquelle me jette un état
» de choses aussi inexplicable, m'oblige de donner
» cours à ma pétition. D'honorables députés, des pairs
» de France, convaincus de la justice de ma réclama-
» tion, sont les premiers à me conseiller cette démarche,
» comme pouvant seule faire tomber les obstacles se-
» crets qu'une main ennemie semble toujours apporter
» à la réparation de l'injustice dont je suis victime de-
» puis près de trois ans. Il m'eût été bien plus agréable,
» mon général, de ne devoir qu'au ministre et à vous,
» cette réparation que, dans son audience du 25 février
» dernier, Son Excellence daigna me promettre. Rendu
» à mes travaux habituels, dans un port où m'appellent
» des devoirs de famille et mes intérêts les plus chers,
» j'aurais déjà oublié et mes ennemis et la malheureuse
» affaire qui m'a valu tant de persécutions; mais on ne
» l'a pas voulu; on ne craint pas de me contraindre de
» nouveau à remonter à l'origine de ces persécutions.
» Eh bien! mon général, qu'on ne s'en prenne pas à
» moi si la vérité, et une vérité inflexible, se fait en-
» tendre sur des faits qui sont tellement liés à ma légi-
» time défense, que je ne puis plaider ma cause sans
» attaquer. Vous le savez, mon général :

» La justice imparfaite est encor l'injustice. »

» Le ministre, dans sa haute sagesse, a bien voulu
» me promettre une justice entière. Son Excellence a

---

(1) L'imprimé que je remis au général, en lui donnant l'assurance
qu'il n'avait encore été communiqué à personne, n'était rien autre
chose qu'une épreuve de la pétition que je projetais alors.

» répété à mes protecteurs qu'elle détruirait dans toutes
» ses conséquences la décision surprise à son prédéces-
» seur par l'intrigue de mes ennemis. Rien n'est plus
» facile : qu'on me renvoie au Hâvre continuer mes ser-
» vices ; qu'on me fasse payer mes appointemens *depuis*
» *le jour de mon inactivité forcée, car on ne saurait*
» *comprendre autrement ma réintégration*, puisque je
» suis *entretenu* et que mes services ne pourraient souf-
» frir d'interruption ; et j'oublie tout ; je jette au feu
» ce qui me rappellerait l'affaire du Hâvre.

» Ce n'est pas que tout fût réparé par ce moyen ;
» car qui pourrait me dédommager de ce que j'ai souf-
» fert depuis cinq ans et d'esprit et de corps ? qui pour-
» rait me rendre tout ce que j'ai dépensé en frais de
» maladie, de voyage, et de séjour à Paris ? Un avan-
» cement, qui me serait d'ailleurs bien acquis, d'autant
» plus qu'il a été demandé différentes fois par mes
» chefs (avancement que le ministre a eu la bonté de
» me faire espérer), pourrait tout au plus compenser
» tant de maux.

» Mais si une puissance occulte continue d'arrêter,
» malgré vous-même, l'effet des intentions bienveil-
» lantes de M^gr le comte de Chabrol, vous ne pourrez,
» mon général, me blâmer d'en appeler aux chambres,
» aux tribunaux, à l'opinion publique soulevée en ma
» faveur, et enfin au Roi lui-même.

» Je termine cette longue lettre, mon général, par
» laquelle j'ai voulu vous donner une nouvelle preuve
» de ma respectueuse déférence, en vous prévenant
» que si, contre mon attente, je ne reçois pas d'ici à
» samedi, 19 de ce mois, l'ordre de retourner au
» Hâvre avec le paiement intégral de mes appointe-
» mens, ma pétition sera définitivement remise le jour
» même (1) à la chambre des députés et à la chambre
» des pairs ; me réservant en outre d'employer tous les
» autres moyens qui seraient propres à démasquer mes

---

(1) J'ai encore attendu deux jours ; et si ma pétition a été déposée
le 21 mars, ce n'a été qu'après avoir tenté près de M. le général
Halgan de nouvelles sollicitations.

» ennemis, qui sont aussi ceux de notre auguste mo-
» narque et de la fortune publique (1).

» Je suis avec un profond respect,

» Mon général,

» Votre très-humble

» et très-obéissant serviteur,

» *Signé* LEROUX. »

---

(1) On dira peut-être que je devais attendre avec confiance l'effet des promesses qui m'avaient été faites. Voici ma réponse : Je prie d'abord de remarquer qu'en 1824, j'avais eu l'honneur de recevoir également, tant du ministre que du directeur du personnel, l'assurance de ma réintégration, et que cependant elle n'eut point lieu ; ensuite, que, depuis mon dernier voyage à Paris, près de quatre mois s'étaient écoulés en démarches et en instances de tout genre. Dans une telle situation, ne devais-je pas redouter, avant tout, que mes ennemis ne parvinssent à écarter encore la décision du ministre, jusqu'à la fin de la session des chambres qui m'eût laissé sans appui ? Qu'on veuille bien ajouter à ces considérations le tourment de l'incertitude, le besoin de revenir dans ma famille, et de mettre un terme à des dépenses qui excédaient mes moyens ; et alors mon insistance paraîtra naturelle, et il ne viendra dans la pensée de personne d'interpréter défavorablement telle ou telle partie de ma lettre. Ne suis-je pas d'ailleurs sous l'égide de cet axiome : *Res sacra miser ?*

Quant à ma demande de *réintégration au Havre*, est-il besoin de la motiver ? C'est là que j'ai été frappé par suite d'une injustice manifeste ; c'est là que l'estime de mes concitoyens me protégerait au besoin contre de nouvelles machinations ; c'est là enfin que je puis espérer de retrouver, par de nouvelles recherches, les moyens de suppléer à la destruction des rôles d'équipages qui constataient une partie de mes services de mer. Dans un autre port, au contraire, n'aurais-je pas à craindre d'être devancé par des préventions fâcheuses que tout mon zèle ne pourrait entièrement dissiper ? Ne devrais-je pas m'attendre à une persécution sourde dont le résultat serait peut-être encore mon éloignement du service ; et, dans ce cas, les conséquences n'en seraient-elles pas plus affreuses pour moi, obligé que j'aurais été de vendre à vil prix mon mobilier, de rompre tous les liens de famille, et d'user de mes dernières ressources ? Ce n'est donc pas un vain caprice, une obstination déplacée, qui me font solliciter avec tant d'ardeur ma réintégration au Havre ; j'abandonne à tous les esprits droits, à tous les cœurs justes, l'appréciation de mes motifs, qui n'ont rien au surplus de contraire à l'intérêt du service.